LA CAPPA OU CHAPE

DE SAINT MARTIN

A BUSSY-SAINT-MARTIN

PAR

L'ABBÉ PAUL FOSSIN

*Curé de Bussy-Saint-Georges-et-Saint-Martin, ancien Secrétaire
du Cardinal Pie*

LIGUGÉ (Vienne)

IMPRIMERIE SAINT-MARTIN

1897

LA CAPPA OU CHAPE

DE SAINT MARTIN

A BUSSY-SAINT-MARTIN

LA TOUR DE BUSSY

LA CAPPA OU CHAPE

DE SAINT MARTIN

A BUSSY-SAINT-MARTIN

PAR

L'ABBÉ PAUL FOSSIN

*Curé de Bussy-Saint-Georges-et-Saint-Martin, ancien Secrétaire
du Cardinal Pie*

LIGUGÉ (Vienne)

IMPRIMERIE SAINT-MARTIN

1897

A SA GRANDEUR

MONSEIGNEUR E. DE BRIEY

ÉVÊQUE DE MEAUX

MONSEIGNEUR,

Ce petit livre a pour objet la restauration du culte des reliques de saint Martin à Bussy, restauration qui va combler de consolation votre cœur d'Évêque.

Je n'ai été, dans tout ce qui s'est accompli ici, qu'un ouvrier bien au-dessous de sa tâche, soutenu, heureusement, par vos encouragements et vos bénédictions.

C'est donc à Votre Grandeur que revient l'honneur de cette restauration. Vous avez éprouvé, Monseigneur, une joie réelle que j'ai été heureux de partager en songeant que votre diocèse possédait une si précieuse relique du grand Évêque de Tours, dont la gloire a brillé d'une si vive lumière par les œuvres de son épiscopat, mais qui vint puiser, comme à une source féconde, auprès de saint Hilaire de Poitiers les inspirations qui en firent plus tard l'Évêque par excellence. C'est près de l'éloquent Docteur qu'il apprit les vertus dont il fut le plus parfait modèle; c'est sous ses yeux, sous sa direction qu'il créa l'œuvre immense d'où s'écoulèrent bientôt sur l'Occident les flots de la prière qui le purifièrent des souillures de l'hérésie et des restes du paganisme. C'est à Poitiers enfin que, s'essayant pour ainsi dire aux miracles, le Thaumaturge des Gaules sut préparer les conquêtes qui ont rendu son nom immortel.

Vous allez bientôt, Monseigneur, venir vous-même vénérer les précieuses reliques conservées à Bussy-Saint-Martin. Ce pèlerinage vous rappellera le séjour que vous fîtes à Ligugé pour vous préparer à recevoir, du successeur de saint Hilaire, de l'illustre Cardinal Pie, dont vous étiez le disciple bien-aimé, la consécration épiscopale, avant de venir dans cette terre de Brie qui vous est devenue si chère et où vous avez su vous faire aimer.

Laissez-moi, Monseigneur, vous exprimer ma vive reconnaissance pour la main bienveillante qui daigne étendre, sur cette œuvre de restauration et sur moi, ce manteau protecteur que saint Martin jetait autrefois sur les épaules nues du pauvre d'Amiens.

Monseigneur,
de Votre Grandeur,
le très humble et très reconnaissant serviteur,

F.-F. FOSSIN.

———

IMPRIMATUR

22 septembris 1897.

✝ EMMANUEL, *Episcopus Meldensis.*

LA CAPPA OU CHAPE

DE SAINT MARTIN

A BUSSY-SAINT-MARTIN

~~~~~~

CHAPITRE I

ORIGINES DE BUSSY-SAINT-MARTIN

Il paraît que pour mieux comprendre l'origine de
ce nom, il faudrait écrire *Bucy* ou *Buscy* : en effet,
il est toujours écrit *Buciacum* ou *Buccium* dans les
titres qui en font mention, c'est-à-dire depuis le
milieu du neuvième siècle. Je préférerais Bucy,
parce qu'il a été d'usage, même en français, du
temps de saint Louis, dans des documents où il
s'agit de ce lieu-ci : quoique Adrien de Valois
estime que *Buciacum* vient de *Busciacum* ou *Bos-
ciacum* et que ce nom a été donné à ce lieu à cause
du voisinage de la forêt qui couvrait les alentours
et qu'on appelait également *Boscus* ou *Buscus*[1].

Bucy était autrefois un lieu si considérable, sous

1. Not. Gall., p. 41.

le règne de Charles le Chauve, qu'il était le chef-
lieu d'une vicairie temporelle, laquelle s'étendait
jusqu'à la Marne aux environs du lieu appelé
Douves, qui était alors un hameau nommé en latin
Dubrum[1]. Il est dit, dans l'échange que la reine
Hermentrude fit en 855 en sa qualité d'abbesse de
Chelles avec Ainard, abbé de Saint-Pierre-des-Fos-
sés, que le cortil et la terre échangés et situés *in
villa Dubro in pago Parisiaco* étaient également
in viceria Buciaxense. L'étendue du territoire de
Bucy ayant donc formé une grande paroisse, on fut
obligé de la partager en deux. Peut-être fut-ce la
division de la seigneurie dans la même famille qui
en fut la cause. Ces deux paroisses sont à peu près
à égale distance de Paris, c'est-à-dire à six lieues ou
environ vers le soleil levant. Au midi, Bucy-Saint-
Martin n'est éloigné de Lagny que d'une lieue, et
Bucy-Saint-Georges environ une demi-lieue plus
loin.

Quand commencèrent-elles à avoir des seigneurs
différents, c'est ce que nous ignorons, car, quoi-
qu'elles existassent toutes les deux au treizième
siècle, on ne trouve point d'actes de ce temps-là qui
les désignent par les surnoms *de Buciaco Sancti
Martini*, ni *de Buciaco Sancti Georgii*. Ils sont
toujours simplement dits seigneurs *de Buccio* ou
bien *de Buciaco*[2].

Comme ces seigneurs peuvent avoir possédé
également les deux Bucy, j'ai cru devoir en présen-

1. Il reste un moulin qui en conserve le nom sur la rive
gauche de la Marne.
2. Capitular. Baluze, t. 2.

ter la série avant de produire ce que j'ai à dire sur Bussy-Saint-Martin en particulier. Radulphe de Buccio est le premier connu. Sollicité par Maurice de Sully, évêque de Paris, il accorda en l'an 1165 aux moines de Saint-Maur-des-Fossés l'exemption de tous les droits appelés *griachum* ou *gruage*[1] dans les biens qu'ils avaient sur sa seigneurie comme aussi l'exemption de leurs granges[2].

Lorsque Guillaume, évêque de Paris, fit son entrée solennelle en 1228, Adam de Bucy fut l'un de ceux qui le portèrent comme procureur du comte de Bar en sa qualité de seigneur de Torcy, parce que Torcy était soumis au droit de *partage*. L'un des autres porteurs fut Pierre de Bucy, à la place du seigneur de Montjay pareillement tenu à ce devoir. Il paraît que c'étaient les deux frères, dont le premier possédait Bucy-Saint-Martin et l'autre Bucy-Saint-Georges : car le cartulaire de l'abbaye de Livry, rapportant à l'an 1241 le consentement donné par Pierre *de Buciaco*, chevalier, Pétronille, sa femme, et Radulphe, leur fils, à une donation de dixme sur le territoire de Collégien, faite à cette abbaye, ajoute, en un endroit de l'acte, que ces seigneurs étaient *de Buciaco Sancti Georgii*. Néanmoins on trouve, en 1232, un Guillaume de Bucy dans un acte qui, par sa nature, semble désigner un seigneur du même Bucy-Saint-Georges. Ce chevalier, avec d'autres, plaidait contre l'abbaye de Sainte-Geneviève à propos d'un chemin qu'ils prétendaient

1. Gruage, manière d'exploiter le bois.
2. Cartul. S. Mauri.

être dit par le milieu de la Couture des Essarts de Sainte-Geneviève à Jossigny jusqu'au lieu de Forchevoie. En 1246, Pierre, ci-dessus nommé, se retrouve avec Simon de Bucy, tous deux qualifiés chevaliers dans un acte de l'abbaye de Livry. En 1268, Philippe de Bucy rendit à Renaud, comte de Bar, seigneur de Torcy, le même service qu'avait fait Adam de Bucy, son prédécesseur, quarante ans auparavant, c'est-à-dire qu'il porta pour lui l'évêque Étienne Tempier à sa première entrée dans sa ville épiscopale de Paris[1]. Voilà ce que nous avons de plus ancien sur les seigneurs de Bucy en général.

Il est difficile de décider lequel des deux Bucy a formé l'autre, c'est-à-dire duquel des deux l'autre a été distrait. Lebeuf prétend qu'on peut se déterminer pour Bucy-Saint-Georges et assurer que c'est en ce lieu qu'il y eut primitivement une église, par la raison que cette église a eu besoin la première d'être rebâtie, comme elle l'a été, en effet, il y a environ cent cinquante ans.

Cependant, on pourrait placer Bucy-Saint-Martin avant Bucy-Saint-Georges, si l'on faisait fond sur ce qui se lit dans l'Histoire des évêques de Senlis par Jaulnay[2]. Il avance que les chanoines de Saint-Rieul croient que le bien qu'ils y possèdent leur avait été donné l'an 500 de Jésus-Christ par Clovis, lors de la translation de saint Rieul et dans le temps qu'il fit rebâtir l'église. Mais, il est évident que cet auteur a confondu deux de nos rois et qu'il a attri-

1. Chart. Ep. Par. in Bibl. Reg.
2. Jaulnay, p. 421.

bué à Clovis ce qui ne convient qu'au roi Robert,
sous lequel, véritablement, l'église de Saint-Rieul
fut rebâtie.

La paroisse de Bussy-Saint-Martin n'est pas très
considérable; sans le hameau de Rentilly qui en
dépend, ce serait assez peu de chose. Elle n'avait,
en 1739, que quarante-deux feux en tout, savoir:
quatorze à Bussy et vingt-huit à Rentilly. A cette
époque, d'après le *Dictionnaire universel de France*,
qui a paru en 1726, on comptait à Bussy quatre-
vingt-quatre habitants, les enfants apparemment
compris, et cent vingt-deux à Rentilly; au dernier
recensement de 1896, Bussy-Saint-Martin comptait
deux cent quatre-vingt-dix habitants.

CHAPITRE II

BUSSY-SAINT-MARTIN[1]; SON ÉGLISE

Bussy-Saint-Martin, commune du canton de Lagny, arrondissement de Meaux, est situé sur la croupe d'une montagne où il y a quelques vignes, quelques bosquets avec des terres arables. Le ruisseau qui vient de Bussy-Saint-Georges passe au bas du côté du couchant, entre Bussy et Rentilly. Il alimentait autrefois un vaste étang aujourd'hui desséché et converti en prairie.

Du haut de la montagne, on jouit d'un très beau panorama. C'est une belle vallée de la Marne, dominée à droite par l'église de Chelles. En face, le clocher de Torcy, le château et le parc de Rentilly, et, à gauche, l'église de Collégien. La paroisse, qui dépendait autrefois du diocèse de Paris, a été depuis le Concordat rattachée au diocèse de Meaux. Le corps principal de l'église, véritable sainte chapelle du treizième siècle, est assez restreint. Il se compose de deux travées avec chapelles en saillie, formant nefs, et un clocher. Les voûtes ogivales, gracieuses et élégantes, sont soutenues par des faisceaux de colonnes engagées. Le fond se termine par un che-

1. Bussy-Saint-Martin est aujourd'hui une annexe de **Bussy-Saint-Georges.**

VUE EXTÉRIEURE DU CHEVET ET DE L'ÉGLISE DE BUSSY-SAINT-MARTIN

(Extrait de la *Vie de saint Martin* par l'abbé Bas, et dû à l'obligeance de M. Dubois, éditeur à Tours.)

vet droit aux croisées géminées, tandis qu'un élégant triforium couronne les larges baies qui donnent accès dans les chapelles latérales. La portion antérieure qui a trois nefs, ainsi que le porche, ont été construits postérieurement. L'ensemble de l'édifice a vingt-quatre mètres de longueur sur dix mètres vingt de largeur. On y voit un fort beau vitrail du treizième siècle formé de deux médaillons, représentant, l'un, saint Étienne remplissant ses fonctions de diacre, et l'autre, saint Étienne lapidé. Le fond de l'église est orné d'un retable grec dont la sculpture est très soignée ; le fronton semi-circulaire à tympan est garni d'une tête d'ange et d'arabesques soutenues par deux colonnes corinthiennes cannelées avec rinceaux à la base, reliées aux parois par une boiserie formant cariatide d'où retombent des draperies et des fleurons sculptés dans la masse.

Ce qui est plus remarquable, ce sont les pierres tombales qui se trouvent dans le chœur.

A droite, on voit une tombe sur laquelle est représentée une femme avec un enfant à sa gauche. Autour est cette inscription en beaux caractères gothiques :

Ci gist. Noble Damoiselle Agnès la Boullard, femme de Pierre du Fay et fille de feu Mahiet Boullart, dame de Piscequot, laquelle trépassa le samedi XXIII jour du mois de septembre l'an MCCCC et XII. Priez Dieu pour Elle. et Philippotes de Fay, fille dudit Pierre de Fay et d'Agnès sa femme, laquelle trépassa le IX septembre l'an MCCCC et XII.

Il reste aussi la tombe d'un curé du lieu qui y est dit chapelain de Saint-Fiacre-de-la-Selle, décédé en 1492. Cette pierre a été retournée dans le temps de l'inhumation de quelque autre curé des derniers temps; on a mis la tête du côté de l'Orient, contre l'usage ancien.

Cette pierre, qui a deux mètres dix centimètres de long, sur un mètre de largeur, porte l'inscription suivante :

Ci gist mailt Alain Leclerc de Saint-Malo en Bretagne mail es arts, Bachelier en loys. Curé de Bucy Saint Martin... et chapelain de Saint Fiacre de la Selle en Brye q ordonna une messe de tpassé a estre dite au lundi par le curé du dit lieu de Bucy selond la teneur des ltres sur ce faites, lequel trépassa le XVIIII jour d'août, l'an mil IIIIᶜ IIII** deux pᵹ Dieu por lame de lui.

Dessin très riche, le visage et les mains jointes sont incrustés en marbre. Des fleurs, des rosaces, des rinceaux, des franges, décorent les plages de l'aube, les galons de la chasuble et le manipule. Une arcade en ogive abrite le défunt. Huit apôtres garnissent les niches des pieds-droits. On reconnaît les clefs de saint Pierre, le couteau de saint Barthélemy, l'équerre de saint Thomas, l'épée de saint Paul, le chapeau de pèlerin de saint Jacques le Majeur, la croix en sautoir de saint André. A l'arcature de l'entablement, deux anges avec leurs trompettes, saint Martin, mitre en tête, saint Fiacre avec sa bêche à la main, et peut-être le vénérable Alain,

INTÉRIEUR DE L'ÉGLISE DE BUSSY-SAINT-MARTIN

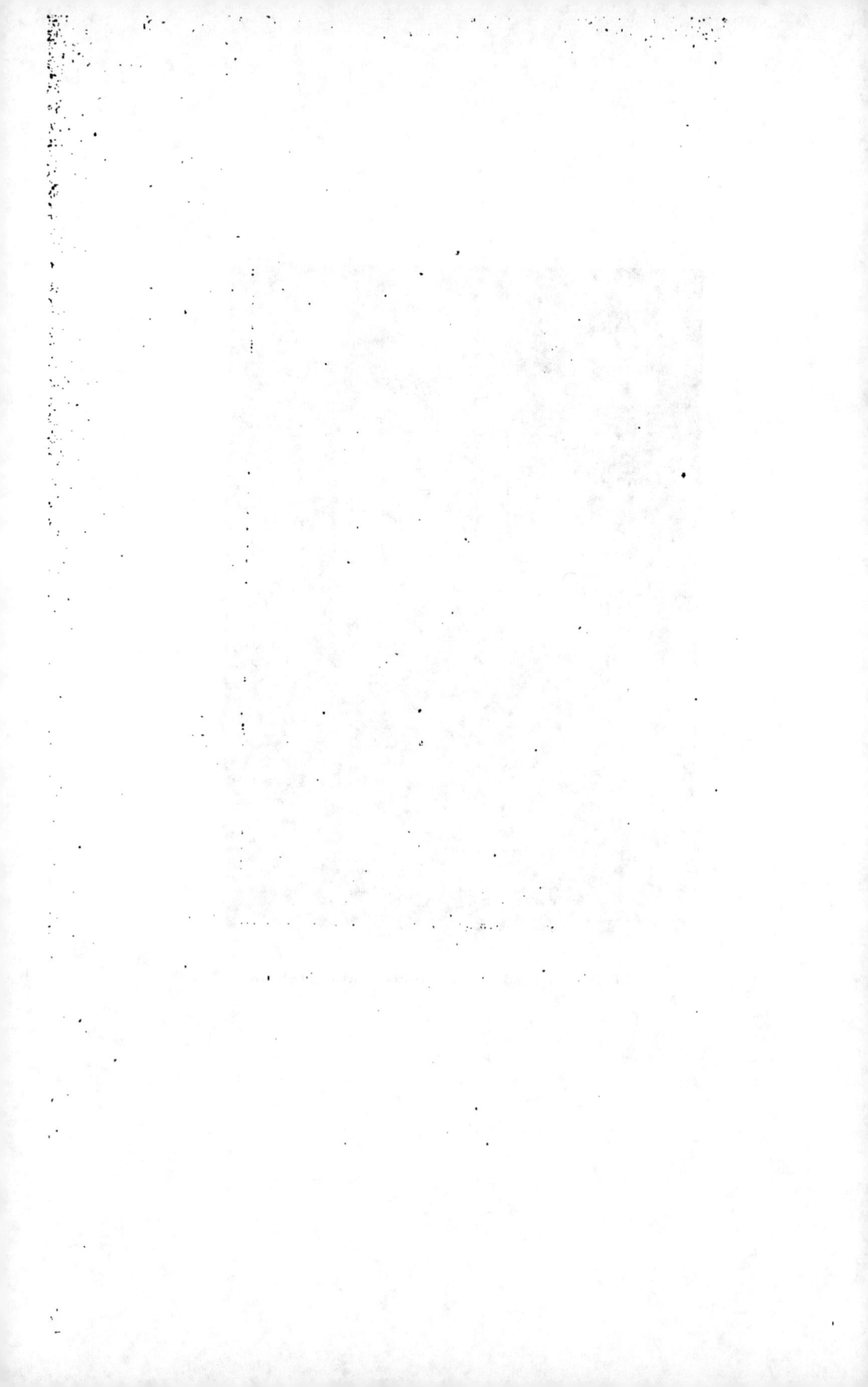

docteur de Paris, convers de Cîteaux, patron du **curé**
qui fut probablement le successeur de Jean Gaulay,
ancien secrétaire des évêques de Paris, lequel dé-
missionna en 1491 pour devenir, à Paris, archiprêtre
de la Madeleine [1]. On voit également dans le chœur
une tombe longue de deux mètres vingt centimètres et large de un mètre dix avec cette inscription :

CY GIST MESSIRE ELOY LE ROY VIVANT PBRE CURÉ DE BUSSY-
SAINT-MARTIN ET DE SAINT-JACQUES-DU-CHEMIN [2] LEQUEL
TRÉPASSA LE DERNIER JOUR D'AVRIL MIL VIe XL. PRIEZ DIEU
POUR SON AME.

JAM PLACIDA TUMULO COMPOSTUS PACE QUIEVIT
MUTAVIT TANTUM SÆCULA NON OBIIT.

(Virgile, Enéide, lib. I, v. 249.)

ÉTENDU SOUS CETTE PIERRE, IL REPOSE EN PAIX ; IL N'EST
PAS MORT, IL A SEULEMENT CHANGÉ DE VIE.

Le défunt a la barbe arrondie et des moustaches
courtes suivant l'usage de son temps, ses **mains**
jointes ; il est revêtu d'une soutane entr'ouverte par
les bras et d'un surplis orné de deux longues ailes
plissées qui tombent jusqu'à terre. Des fleurons et
des ossements remplissent les angles de la dalle, qui
est entourée d'une arcature trilobée bordée d'oves

1. Reg. Ep. Paris, 18 mai 1491.
2. Guermantes, dont la paroisse a été desservie par le curé
de Bussy-Saint-Martin jusqu'à la Révolution.

avec deux pilastres ioniques pour supports ; fronton demi-circulaire accompagné de deux clochettes, faulx, torches renversées.

L'épitaphe de Gaspard Dubois, érigée en 1691, n'a rien de remarquable.

CHAPITRE III

LES RELIQUES DE SAINT MARTIN

Nous avons décrit les beautés de l'église de Bussy-Saint-Martin. Comment et pourquoi a-t-on songé à bâtir un aussi joli sanctuaire dans un lieu élevé et très en vue, il est vrai, mais très isolé et presque désert. A notre avis, cette charmante chapelle n'est que le reliquaire en pierre de trésors dont nous allons parler.

On vénérait de longue date, à Bussy-Saint-Martin, des reliques du grand évêque de Tours. Depuis la Révolution, elles étaient enfermées dans deux châsses placées de chaque côté de l'autel principal, sur les corniches du fronton où elles étaient déjà auparavant; leur peu d'apparence, l'isolement de l'église, le petit nombre d'habitants, pacifiques par nature, ont permis à ces châsses de traverser la période de destruction de 93 sans qu'on songeât à les déplacer. Au rétablissement du culte, les reliques étaient encore à leur place. Ce fut seulement quand M. l'abbé Moreau, alors curé de la paroisse, fit poser dans la fenêtre géminée du fond de l'église deux vitraux dus à la générosité de la famille André, de Rentilly, que ces deux châsses furent descendues et reléguées dans un coin de la sacristie.

A mon arrivée à Bussy, en 1889, il y avait beaucoup à faire dans cette église, où tout manquait; il me fut impossible de songer à restituer à leur ancienne place des reliquaires fort endommagés par l'humidité, puis, à vrai dire, je ne connaissais pas leur contenu, et je ne pus rien apprendre de M. l'abbé Moreau, qui, presque aveugle, ignorait lui-même le véritable trésor qu'ils renfermaient. Je me contentai de placer les chàsses dans un lieu plus sain et plus convenable, un meuble de la sacristie.

Ce fut seulement au commencement de cette année, en songeant que nous allions célébrer le quinzième anniversaire de la mort du grand évêque de Tours, que je me sentis vivement poussé à restaurer le culte des reliques de saint Martin, que les anciens du pays, qui avaient conservé les traditions, déclaraient être très vénérables.

Dans une visite que j'eus l'honneur de faire à Mgr de Briey, évêque de Meaux, je parlai de mes désirs et de mes projets à Sa Grandeur, qui accueillit avec joie mes communications et nomma immédiatement une commission chargée de procéder à l'ouverture des chàsses et à la reconnaissance des reliques. J'eus le bonheur de voir arriver les membres de cette commission au presbytère de Bussy-Saint-Georges, où j'avais transporté les chàsses le 15 mars de cette année. Elle était composée de M. le chanoine Denis, si expert dans toutes les questions d'histoire diocésaine, et auquel je suis heureux de rendre hommage pour le précieux concours qu'il m'a prêté et les documents intéressants qu'il m'a signalés et fournis; M. l'abbé Bouchet, curé-doyen de Laguy, nommé depuis vicaire général; M. l'abbé Roullier,

RELIQUE ET RELIQUAIRE DE SAINT MARTIN, A BUSSY

(Extrait de la *Vie de saint Martin* par l'abbé Bas, et dû à l'obligeance de M. Dubois, éditeur à Tours.)

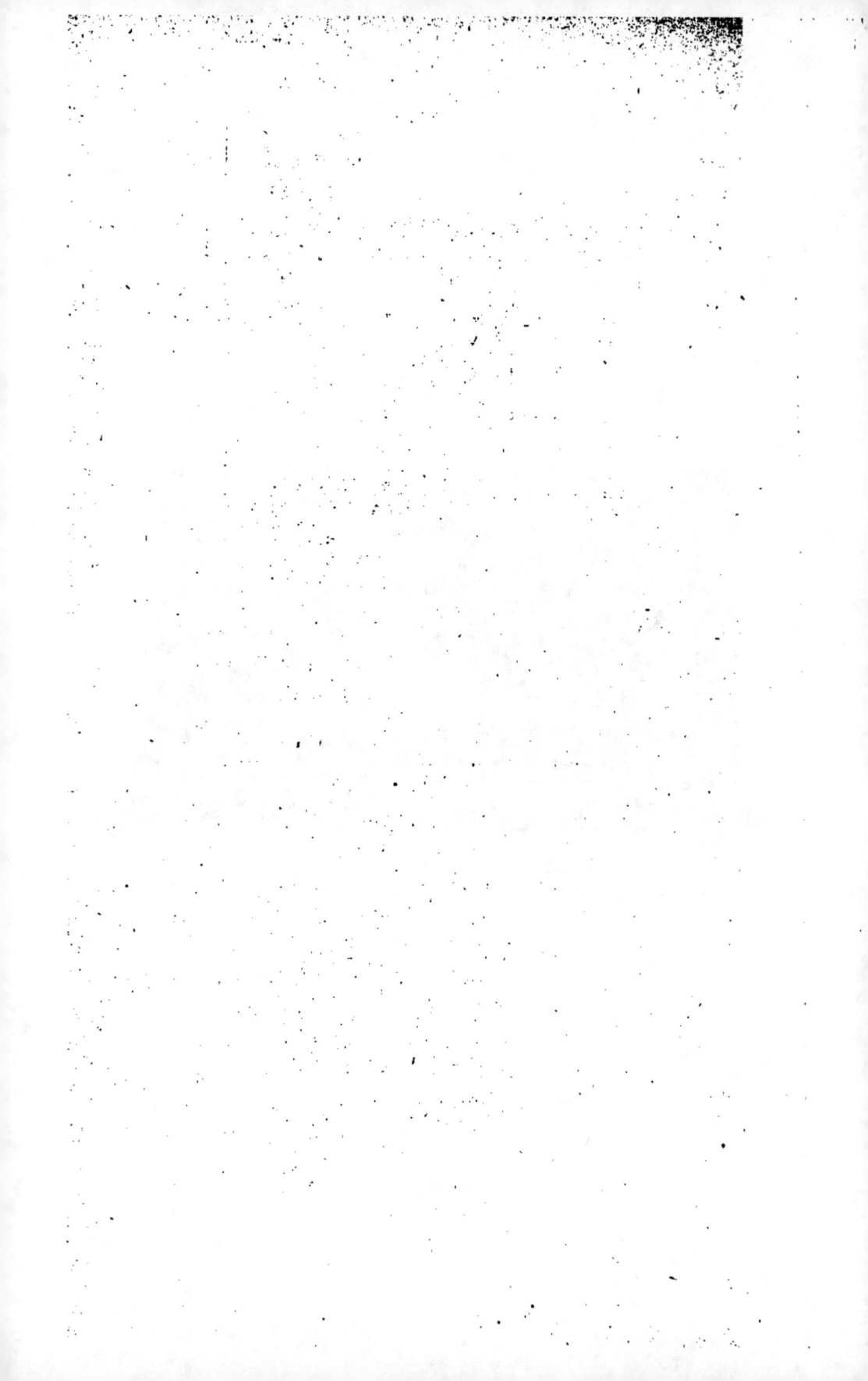

curé de Ferrières-en-Brie, et M. l'abbé Feige, curé de Gouvernes.

Je présentai à ces messieurs les deux châsses de saint Martin, sorte de coffres en forme de tombeau, de bois de chêne peint couleur acajou, et munies de deux glaces. La dimension de ces reliquaires, sans style, qui ne remontent pas à plus d'un siècle et demi, est de quarante-trois centimètres de largeur sur vingt-huit de profondeur et trente de hauteur, surmontés d'une petite croix dorée. Deux sceaux intacts en cire, aux armes de Mgr de Cornac, évêque de Meaux, sont apposés sur le couvercle, fixant un ruban de fil.

Dans l'une des châsses, sur un coussin de soie Louis XV garni intérieurement de plume, se trouve une étoffe noire, repliée plusieurs fois sur elle-même, munie d'une inscription ancienne portant cette mention : *Manche du manteau de saint Martin*. L'étoffe dépliée, nous fûmes émerveillés à la vue de la dimension de la relique qui apparut à nos yeux. Cette portion d'étoffe n'a pas moins de *quatre-vingt-dix centimètres* de longueur sur *trente-sept centimètres* dans sa plus grande largeur. Elle affecte la forme d'un épaulement se prolongeant en une sorte d'emmanchure, pour se terminer par un gant grossier et large dont l'intérieur est de fine toile. C'est la partie gauche d'un vêtement dont la vétusté est facile à constater par les parties absentes qui ont été détériorées ou rongées. L'étoffe se compose d'une toile fine de lin sur laquelle est étendue une couche de toison de brebis ; le tout est recouvert de soie noire piquée en plusieurs carrés. Vers le coude, se trouve une ouverture très accentuée, qui paraît destinée à la sortie de la main et du bras.

La première réflexion qui nous vint fut que nous étions peut-être en présence d'une portion de la chlamyde que saint Martin avait coupée pour revêtir le pauvre à la porte d'Amiens. C'était donc à nos yeux une relique des plus précieuses, mais sur laquelle il était difficile de se prononcer.

Dans la seconde châsse, de même matière, de même forme et de même dimension que la première, se trouvait, sur un coussin semblable à celui de l'autre reliquaire, une vertèbre et le carpe droit de saint Martin, portion infiniment précieuse de cette main qui répandit d'abondantes bénédictions au cours d'un long épiscopat. Par les soins pieux des Religieuses Carmélites de l'avenue de Saxe, à Paris, ces reliques ont été, depuis, placées dans une nouvelle châsse fabriquée sur dessin spécial[1], laquelle mesure un mètre de large sur quatre-vingt-cinq centimètres de hauteur. Elle se compose d'un socle en bois mouluré, porté par six lions en bronze doré ayant entre leurs griffes un écusson aux initiales de saint Martin. Le socle supporte un cadre bronze doré enrichi de pierreries où se trouve la relique placée entre deux verres, ce qui permet de voir facilement le vêtement. Une galerie gothique, ou mieux une crête fleuronnée court dans le haut, coupée au milieu par une monstrance circulaire assez saillante, où se voient les deux ossements.

1. Chez M. Fedide, 248, rue Saint-Jacques, Paris.

CHAPITRE IV

LA CHLAMYDE DE SAINT MARTIN

Un des traits de la vie de notre admirable Saint dont le souvenir est resté vivace, est bien celui de l'acte de charité accompli à la porte d'Amiens.

Un jour qu'il était en marche par un hiver si rigoureux que plusieurs personnes moururent de froid, il rencontra aux portes d'Amiens, sur la voie d'Agrippa, conduisant de Lyon à Boulogne, un pauvre presque nu qui demandait l'aumône aux passants. Voyant que les autres n'avaient pas même fait attention au malheureux, il pensa que Dieu le lui réservait. Mais. que donnera-t-il? Ce jour-là il n'avait pas seulement une obole. La charité, qui ne sait pas calculer, est ingénieuse pourtant et ne connaît pas l'impossible. Aussitôt, se rappelant ces paroles du divin Maître : J'étais nu et vous m'avez couvert : « Mon ami, dit-il au pauvre, je n'ai que mes armes et mes vêtements, partageons ceux-ci. Tiens, voilà ta part. » A peine achevait-il ces mots que déjà il avait, avec son épée, coupé sa chlamyde en deux et en avait jeté la moitié au mendiant transi de froid. La nuit suivante il vit, dans un songe miraculeux, Notre-Seigneur Jésus-Christ couvert de cette moitié de manteau et disant à une troupe d'anges rangés autour de lui : « Martin, qui n'est

encore que catéchumène, m'a revêtu de cet habit. »
Le jeune militaire n'avait pas dix-huit ans lorsqu'il
fit cet acte de charité si généreux, si spontané, qui
révélait toute son âme compatissante.

Ce souvenir a été saisi par les sculpteurs et les
peintres comme un des traits les plus caractéris-
tiques de saint Martin, qui est généralement repré-
senté sur la toile ou le papier au moment où il partage avec le pauvre mendiant le seul vêtement dont
il pouvait disposer. L'église de Bussy possède une
statue monolithe de saint Martin, habillé en page de
Henri II, donnant la moitié de son manteau à un
boiteux qui le regarde d'un air suppliant.

Ainsi que je l'ai dit plus haut, nous pensions que
notre relique, partie gauche d'un vêtement, était la
portion de la chlamyde donnée au mendiant par
saint Martin. Il fallait éclaircir cette question, car il
n'existait à Bussy aucun titre pouvant renseigner
sur sa provenance, les registres paroissiaux ayant
disparu à la Révolution. En effet, ce qui préoccupait
particulièrement les habitants de la commune en
1793, c'était de faire disparaître tous les titres de
propriété ou de servitude dont étaient grevés les
biens au bénéfice de l'Église, redevances qu'ils
avaient cessé de payer et pour lesquelles ils redou-
taient des revendications. Afin d'assurer leur tran-
quillité, et après bien des hésitations et malgré les
récriminations du gros de la population, un groupe
d'hommes plus entreprenant se décida, sans toucher
à aucun des objets du culte, à brûler en bloc, devant
l'église, tous les papiers qu'ils y trouvèrent. Avec
les flammes disparurent ainsi tous les documents

STATUE MONOLITHE

VÉNÉRÉE DANS L'ÉGLISE DE BUSSY-SAINT-MARTIN

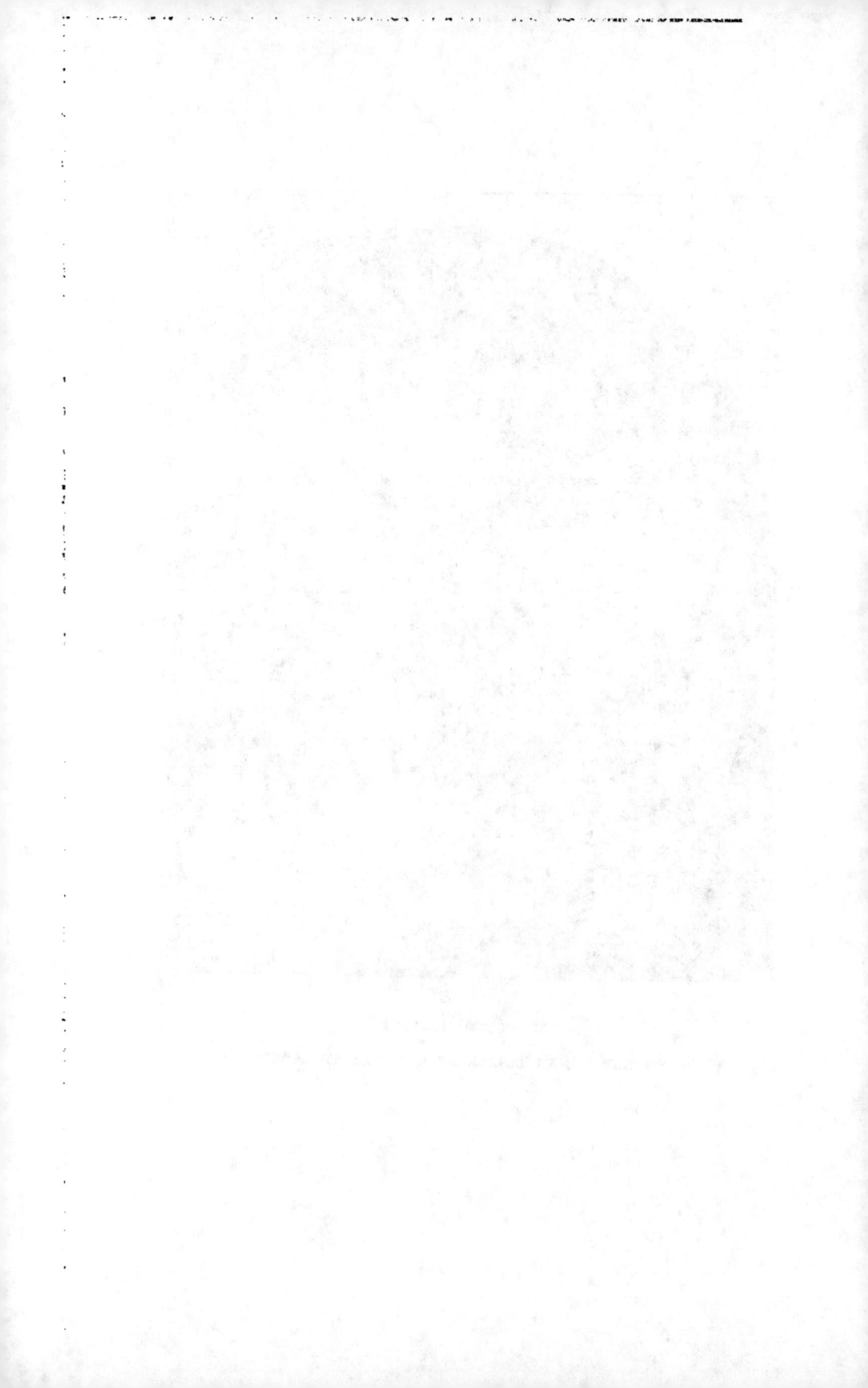

et renseignements sur nos belles reliques. A la suite des recherches que je fis, je pus découvrir qu'au moins une partie de la chlamyde était conservée à Auxerre. En effet, nous voyons dans Lecoy de La Marche[1] qu'il existait en 1271 une relique assez considérable appelée *le manteau de saint Martin*, dans la cathédrale d'Auxerre ; d'après cette expression, et surtout d'après le terme de chlamyde, employé dans quelques textes postérieurs pour désigner le même objet, il paraît bien s'agir, cette fois, d'un reste du vêtement coupé en deux par l'épée du jeune soldat romain. La tradition, du reste, n'a jamais varié à cet égard. Elle est confirmée par le don d'un fragment de cette relique, fait à la date indiquée par l'évêque d'Auxerre à Jean de Conti, chancelier de l'église d'Amiens, qui s'empressa de l'offrir à l'abbaye de Saint-Martin-aux-Jumeaux[2].

En 1286, le chapitre d'Auxerre en délivra un deuxième fragment aux chanoines de Saint-Martin de Champeaux-en-Brie, qui, dans le cours du siècle suivant, l'engagèrent à l'église Saint-Séverin de Paris[3].

En 1379, la comtesse de Nevers, et en 1410, la collégiale de Clamecy obtinrent qu'on détachât en leur faveur deux autres parcelles du précieux manteau.

Enfin, en 1567, une cinquième distraction fut faite au profit de l'église d'Olivet, près d'Orléans, sur la

1. *Saint Martin*, par LECOY DE LA MARCHE, p. 468.
2. LEBEUF, *Mémoires concernant l'histoire d'Auxerre*, 1, 406.
3. PAGÈS, manuscrit 1, 185.

demande de Pierre de Beaulieu, qui avait reçu le baptême dans cette paroisse et qui remplissait les fonctions de sous-chantre d'Auxerre[4]. Il était temps, car, six mois après, les huguenots allaient détruire le morceau principal, et la Révolution devait ensuite faire disparaître ceux qui avaient été distribués jusque-là. La petite relique d'Olivet, seule, a survécu, après avoir été sauvée de la tourmente de 93 par le serrurier réquisitionné pour dépouiller l'église et restituée par son héritier en 1859. C'est dans ce sanctuaire que le dernier vestige du beau trait d'Amiens, après avoir été remis en honneur par M. l'abbé Métivier, reçoit les témoignages de la vénération publique. Il semble qu'il n'existe aucune relique connue actuellement, en dehors de celle d'Olivet, provenant de la chlamyde. En tout cas, le chapitre d'Auxerre, préposé à la garde du manteau de saint Martin, a constamment veillé à sa conservation et tenu une note exacte des distributions qui ont été faites, parmi lesquelles Bussy-Saint-Martin n'est pas mentionné. Du reste, sur ma demande, M. l'abbé Hermet, curé actuel d'Olivet, a bien voulu me fournir des renseignements qui m'ont amené à conclure que notre relique ne provient pas de la chlamyde.

« La relique d'Olivet, dit-il, a extérieurement la forme d'une sorte de trapèze dont l'un des côtés est tronqué, et par conséquent présente cinq faces distinctes. Quelques fils sortent un peu dans le contour.

---

4. Titres des archives de l'Yonne, communiqués par M. Quantin à M. le curé d'Olivet et cités dans sa *Notice historique sur une relique du manteau de saint Martin.*

L'étoffe est épaisse, d'un tissu serré, d'une couleur diverse, ayant un certain reflet[1]. »

Or, rien dans cette description ne rappelle la relique de Bussy-saint-Martin, qui se compose, dans son épaisseur, de trois parties distinctes, et dont la soie extérieure est d'un gris *noir accentué*. Il fallait donc chercher ailleurs.

1. Lettre de M. l'abbé Hermet, curé d'Olivet, 11 avril 1897.

CHAPITRE V

LA CAPPA OU CAPELLA DE SAINT MARTIN

Après des recherches nombreuses, il nous a été permis d'établir que la relique du manteau de saint Martin vénérée à Bussy provient certainement de la *cappa* ou *capella* du grand évêque de Tours.

Parmi les reliques étrangères à la fois au corps et au tombeau, la plus célèbre est la chape de saint Martin. On sait que cette chape glorieuse a eu, sous les deux premières races de nos rois, le privilège de conduire nos armées au combat. Elle était le symbole matériel de la protection dont l'apôtre national couvrait la France; elle était réellement un palladium. Nos rois ne manquaient jamais de l'emporter avec eux lorsqu'ils partaient en guerre : sa présence était à la fois leur sauvegarde et la terreur de leurs ennemis[1]. En temps de paix, elle avait une autre destination : les serments solennels imposés par la justice souveraine se prêtaient sur cette relique insigne, conservée dans l'oratoire royal. Nous retrouvons la trace de cet usage dans les anciens formulaires de l'époque mérovingienne, dans un diplôme authentique du

---

1. *Quam secum ob sui tuitionem et hostium oppressionem jugiter ad bella portabant.* (Moine de Saint-Gall, dans Pertz, II, 732.)

LA CHAPE DE SAINT MARTIN, ÉTENDARD DES MÉROVINGIENS

(Extrait de la *Vie de saint Martin* par l'abbé J. RIVIÈRE, et dû à l'obligeance
de MM. Desclée, de Brouwer et Cⁱᵉ, éditeurs à Lille.)

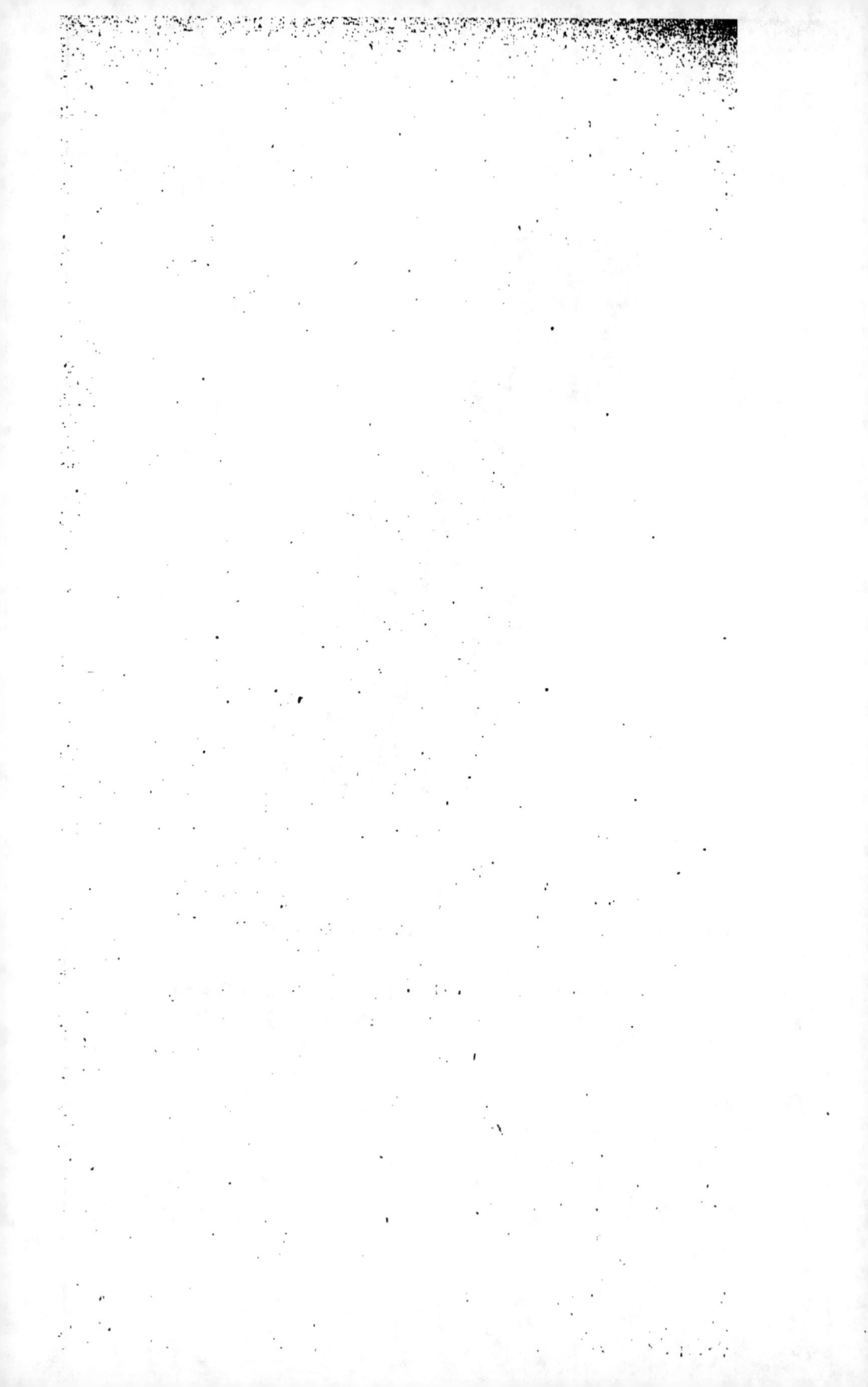

roi Thierry III, du 30 juin 679, et dans un autre de Childebert III, de l'an 710 [1].

Les armées royales avaient bien des étendards ou enseignes dans les temps les plus reculés ; le plus ancien dont la mémoire nous soit venue a été celui de fleurs de lis, dont cependant l'éclat a été obscurci par d'autres plus notables, entre lesquels vient en premier rang la chape, c'est-à-dire le manteau de saint Martin, porté aux guerres devant nos rois par respect pour ce saint personnage reconnu comme un des patrons du royaume. Voici divers témoignages montrant la vérité de notre assertion.

Le moine de Saint-Gall, qui vivait environ au temps de Charlemagne, dans ses lettres *de Reb. Caroli Magni*, parlant de ceux qui étaient employés par ce monarque à sa chapelle, dit que « les rois francs avaient coutume d'appeler leur oratoire du nom de chapelle à cause de la chape de saint Martin qu'ils portaient à la guerre pour leur défense et la ruine de leurs ennemis. Ce nom de chapelle, ajoute-t-il, s'est étendu successivement au reliquaire et l'oratoire qui le renfermait, puis à tous les oratoires et à toutes les petites églises en général. » Walafride Strabon, au dernier chapitre de *De exordiis et incrementis rerum ecclesiasticarum*, dit que « anciennement les chapelains avaient été ainsi appelés à cause de la chape de saint Martin, laquelle les rois de France portaient pour secours et pour la victoire aux guerres, et ceux qui la portaient ou gardaient ont

---

1. *In oratorio nostro super capella Domni Martini ubi reliqua sacramenta percurribant hoc debirit conjurare.* (Pertz, Diplom. 1, 45, 69.)

été appelés chapelains ». Honoricus d'Autun, dans le *Speculum Ecclesiæ*, sermon sur saint Martin : « La chape de saint Martin était portée devant les rois de France allant à la guerre pour étendard, et par le moyen d'icelle remportaient la victoire et surmontaient leurs ennemis. » Au livre intitulé *Gemma animæ*, qui est au premier volume de la Bibliothèque des Pères, chap. 128 : *Capellani, a Cappa sancti Martini appellati, quam reges Francorum in prœliis semper habebant et eam deferentes capellanos dicebant.* Durand, évêque de Mende, livre 2 *De divinis Officiis*, c. 10 : « En plusieurs lieux, dit-il, les prêtres sont appelés chapelains, car, anciennement, les rois de France, allant à la guerre, portaient avec eux la chape de saint Martin gardée sous quelque tente, laquelle, à cause de la chape, fut appelée chapelle, et les clercs auxquels la garde en était confiée furent appelés chapelains. » Nous voyons dans les Petits Bollandistes[1] que Charlemagne, voulant reposer à l'ombre de cette humble relique, la transféra dans la ville où il établit sa résidence, et l'ancienne capitale du grand empire carlovingien, qui a tiré de *capella*, diminutif de *cappa*, son nom d'Aix-la-Chapelle, est plus fière encore de cette pauvre dépouille de saint Martin que du nom de Charlemagne. M. le chanoine Jos Lemartz, conservateur des reliques d'Aix-la-Chapelle, auprès duquel nous avons voulu nous renseigner, affirme qu'il n'existe que des ossements de saint Martin dans le trésor, et qu'aucun des inventaires remontant

---

1. **Tome XIII, page 338.**

jusqu'à l'an 800, sous saint Angilbert, ne mentionne la *Cappa*, qui a pu être apportée par Charlemagne, mais n'est pas restée. On sait du reste qu'à la mort du grand empereur le trésor d'Aix-la-Chapelle fut apporté à Saint-Denis, et plus tard dispersé par le roi Robert le Pieux, qui donna à la ville de Lagny une portion d'un clou de la Passion ; c'est probablement de cette source qu'est venu le chef de sainte Véronique à Pomponne, et la *Cappa* de saint Martin à Bussy.

En tout cas, tout ce que nous venons de dire établit nettement que les rois de France étaient possesseurs de ce précieux vêtement, qui leur servait d'étendard et les a toujours conduits à la victoire.

Qu'était ce vêtement ? quelle était sa forme ? c'est ce que nous allons rechercher.

A l'époque où vivait saint Martin, les vêtements étaient de deux sortes : celui de dessous, qui s'ajustait au corps, et un ample manteau qui couvrait le tout.

D'après Quicherat [1], avec une couverture de laine à longs poils, les vieux Romains s'étaient fait un pardessus qui, suivant la façon de l'ajuster, s'appelait *lacerne* ou *pénule* ; on le portait pour se garantir de la pluie et plutôt en voyage ou à la campagne qu'à la ville. Des étoffes plus légères et plus souples, même des tissus de luxe, furent employés à la confection de ces vêtements. Le tailleur y mit la main, leur forme fut amenée à celle d'un ample sar-

---

1. QUICHERAT, *Histoire du costume en France* (Hachette), p. 29-30.

reau à capuchon. Les mains sortaient de la lacerne par des fentes pratiquées sur les côtés. La *penule*, lorsqu'elle était fendue, ne l'était pas par devant. Les bras se trouvaient complètement emprisonnés, on ne pouvait agir qu'en relevant les pans de la *penule* sur les épaules. C'était un inconvénient auquel on remédia en échancrant la *penule* sur les côtés, forme sous laquelle elle prit le nom de *birre*.

La *birre* qui se portait du vivant de saint Martin était donc un long vêtement assez semblable pour la forme à la *cappa* que portent nos évêques aujourd'hui, recouvrant tout le corps, mais fendu sur les côtés afin de faciliter la sortie des bras pour l'accomplissement des cérémonies religieuses. A l'appui de son assertion, Quicherat dépeint un groupe gallo-romain[1] en pierre, du musée archéologique de Rouen, composé de deux personnages recouverts de birres échancrées au coude pour le passage du bras. Or, la portion du vêtement qui est à Bussy-Saint-Martin se trouve être la partie de l'épaulement, portant vers l'emplacement du coude une ouverture semblable à celle du groupe gallo-romain de Rouen, avec cette seule différence qu'elle est festonnée, tandis que celle du vêtement de saint Martin est unie. Notre relique provient donc certainement d'une birre telle qu'on la portait du vivant de saint Martin. Quicherat affirme également[2] que pendant tout le temps de son apostolat, saint Martin célébra en *birre noire*. Or, la relique de saint Martin pro-

---

1. Quicherat, *Histoire du costume en France*, page 30.
2. Id., *ibid.*, p. 101.

GROUPE GALLO-ROMAIN DU MUSÉE ARCHÉOLOGIQUE DE ROUEN

(Extrait de l'*Histoire du Costume en France*,
et dû à l'obligeance de M. Hachette, éditeur.)

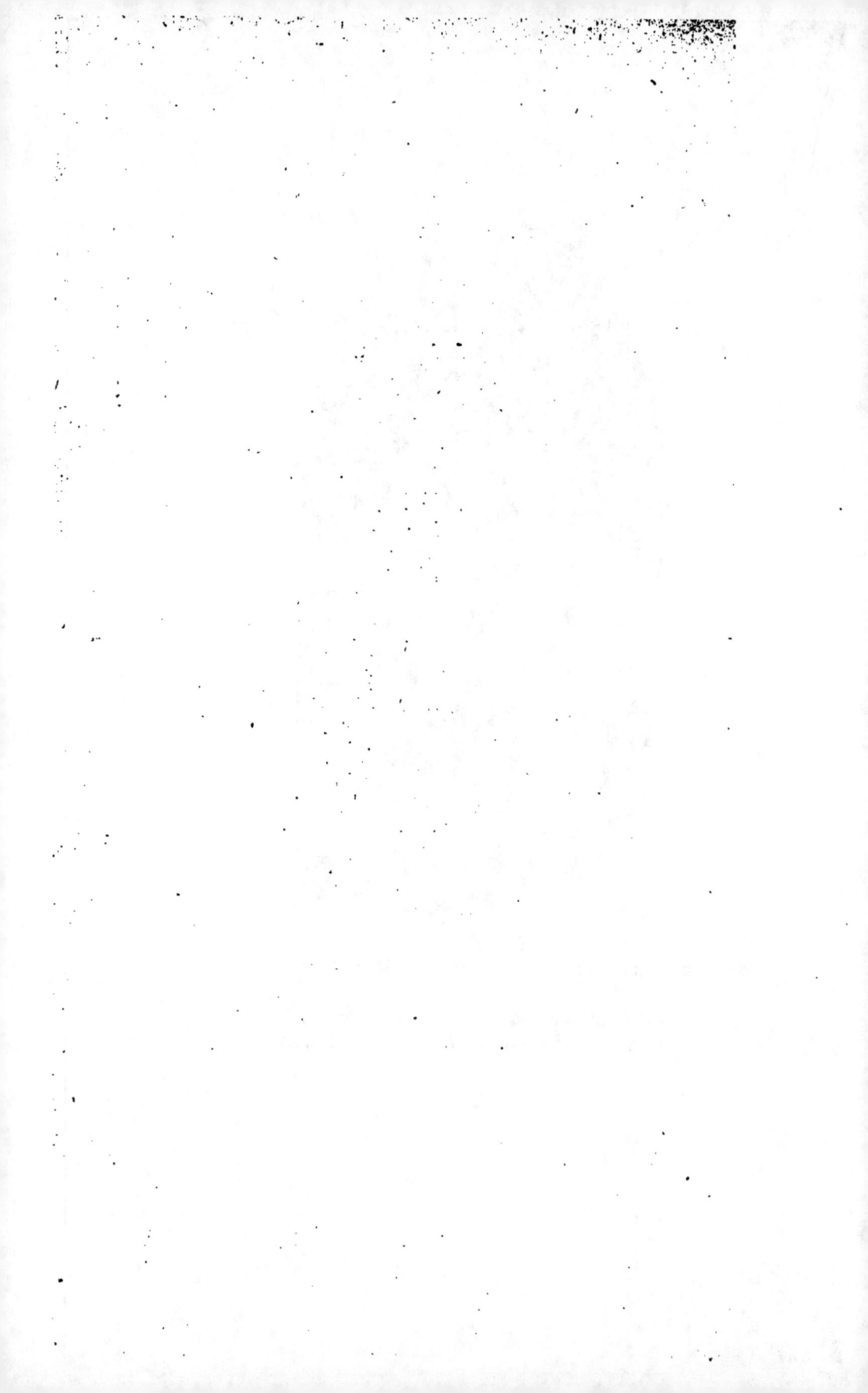

vient d'une *birre noire*. Racinet, dans son ouvrage
intitulé *Costumes historiques*, définit ainsi la *penule* :
« Vêtement romain d'origine grecque, sorte de
blouse ayant une ouverture pour le passage de la
tête, *plus tard on en fit pour les bras*. » La *penule*
se mettait comme un manteau par-dessus la tunique.
Par sa forme, il est donc certain que la relique de
Bussy provient d'une *birre*.

Nous voyons, dans les Petits Bollandistes [1], que
saint Martin, après avoir évangélisé son diocèse, se
sentit pressé d'étendre au dehors, jusque dans les
provinces les plus éloignées, ses courses et ses tra-
vaux apostoliques et qu'il se présentait au peuple
recouvert d'un manteau noir *doublé de poils de bête*.
Sulpice Sévère et saint Fortunat, parlant de la *cappa*
de saint Martin, affirment qu'elle était doublée de
poils de mouton. Or, la relique de Bussy-Saint-
Martin est doublée d'une toison de brebis. Quicherat parle également des gants, qui apparaissent
la première fois à l'époque gallo-romaine. Ils étaient
d'un usage général pendant la période carlovin-
gienne, et on en portait en toute saison. Ceux
d'hiver, n'ayant pas de doigts, s'appelaient *moufles*.
Le gant qui termine la relique de saint Martin est
de forme grossière et primitive, et n'emprunte rien
à l'élégance de ceux de nos jours.

L'heureuse église de Bussy-Saint-Martin possède
donc une portion unique et insigne de la *cappa* qui
fut la propriété des rois de France ; les citations pré-
cédentes le prouvent suffisamment. Pour confirmer

---

1. Tome XIII, page 321.

cette vérité, j'ajouterai que l'église de Bussy-Saint-Martin porte des marques authentiques de la vénération dont jouissaient ses reliques. Nous en avons une preuve dans les fers à cheval apposés à la porte d'entrée et qui sont au nombre de dix-sept. Saint Martin est en effet le patron des *cavaliers* et des *voyageurs* de toute catégorie. On voyait autrefois de ces ex-voto à la porte de nombreuses églises dédiées à saint Martin, entre autres : à Saint-Martin-aux-Jumeaux, à Amiens, à Saint-Séverin de Paris, qui le reconnaît pour un de ses patrons, à Saint-Martin-de-Chablis (Yonne), à Saint-Martin-d'Herblay (Seine-et-Oise). On en voit encore à Saint-Martin-l'Ortier (Seine-Inférieure), et surtout à Palada (Pyrénées-Orientales). La tradition les fait remonter aux chevaliers partant à Jérusalem ou bien en revenant. Je ne crois pas que nulle part ailleurs on trouve autant d'ex-voto de cette nature.

Nous allons donc pouvoir restituer à ces belles et précieuses reliques le culte qui leur est dû, et dans cette année du *quinzième centenaire* de la mort de saint Martin, accomplir un acte qui, nous l'espérons, attirera sur la population de Bussy et de la Brie la protection de ce grand saint.

On a fait remarquer qu'après la très sainte Vierge et saint Pierre, le prince des Apôtres, le glorieux évêque de Tours est le saint sous le vocable duquel un plus grand nombre d'églises ont été placées dans le monde chrétien.

Sur les trois mille huit cent vingt-cinq paroisses dédiées à saint Martin en France, le diocèse de **Meaux en compte soixante et une.**

PORTE EXTÉRIEURE DE L'ÉGLISE DE BUSSY-SAINT-MARTIN,
GARNIE DE DIX-SEPT FERS EX-VOTO
APPOSÉS PAR DES CHEVALIERS ALLANT A JÉRUSALEM OU EN REVENANT.

(Extrait de la *Vie de saint Martin* par l'abbé BAS,
et dû à l'obligeance de M. Dubois, éditeur à Tours.)

Puisse notre saint patron bénir cette terre de Brie appelée autrefois la terre des Saints, en raison du grand nombre de pieux personnages qui l'ont illustrée, et ramener une foi vive au milieu de ces populations si favorisées des bénédictions de la terre, mais malheureusement si indifférentes aux bénédictions du ciel.

Les Germains ayant fait irruption sur les terres de l'empire (en 336), on réunit les troupes dispersées dans leurs cantonnements, et avant de les mener à l'ennemi, on leur fit les largesses ordinaires en pareil cas. Martin, qui venait de recevoir le baptême, étant décidé à quitter l'armée, eut la délicatesse de refuser une récompense qui, selon lui, supposait la continuation du service militaire, et profita de cette occasion pour demander son congé, disant qu'il ne pouvait accepter de gratification parce que, résolu à entrer dans la milice de Jésus-Christ, il ne lui était pas permis de combattre.

Comme on était à la veille d'un engagement, cette demande fut naturellement regardée comme une preuve de lâcheté. « Eh bien! dit Martin, puisqu'il en est ainsi, demain qu'on me mette au premier rang, sans arme ni offensive ni défensive, je n'aurai donc à opposer à l'ennemi que le signe de la croix, et l'on verra si un chrétien a peur de la mort. » Que se passa-t-il durant la nuit entre Dieu et son serviteur? Nul mortel ne l'a su; mais le lendemain, dès la pointe du jour, une députation de barbares venait au camp demander la paix, due sans doute aux prières du saint.

Qu'il soit donc encore, pour la France, l'ange de

la paix! mais si un cri de guerre s'élevait un jour et que nos soldats fussent obligés de gagner la frontière; après avoir invoqué sainte Bathilde au passage de Chelles, qu'ils regardent vers leur droite à l'horizon, ils apercevront le clocher de Bussy-Saint-Martin, où va désormais figurer avec honneur ce qui reste à la France de la *cappa* du grand évêque de Tours; qu'ils se souviennent que ce noble étendard a toujours conduit nos anciens rois à la victoire. Cette pensée soutiendra leur courage, enflammera leur ardeur, et saint Martin les fera triompher.

F.-P. FOSSIN,

Curé de Bussy-Saint-Georges-et-Saint-Martin,
Ancien Secrétaire du Cardinal Pie.

Ayant retrouvé dans ces derniers temps un manuscrit à Bussy-Saint-Martin qui avait été fait en 1763 par le sieur Pothier, maître d'école en la paroisse de Saint-Thibaut-des-Vignes et offert à Messire Pierre Vincent, curé de la paroisse, nous y avons relevé deux hymnes que l'on croit inédites, et que nous donnons ici. Elles sont toutes deux signées de Berge.

HYMNE DES LAUDES

Thure frumates quis hic inter
    aras
Verticem cujus sacra flamat lambit,
Intus ardebat melius sacrata
    Pectoris ara.

Regis accubens epulis tuetur
Presulum Presul bene par honorem
Ipsa tunc vilemminor ante pannum
    Purpura pallet.

O virum qualem pietas petebat
Quem fides nullis labefacta seclis
Non semel sensit medios per enses
    Sacra tuentem.

Læditur probis sibi semper idem,
Nescit irasci, fera corda placet,
Et suos tantum cumulando donis
    Subjicit hostes.

Nec truci quamvis caput immolandum
Pro Dei causa posuit sub ense
Martyris palmam retulit vel isto
    Dignus honore.

Ut mori sensit moribunda menbra
Menbra non molli jacuère lecto
Vile quin stramen sibi durus aufert
    Terra cubile.

Hic manus tendens resupinus alto
Figit immotos oculos Olympo
Ut celer notum per iter volaret
    Spiritus astris.

Quando stellatos prope tagit axes
Et Deo jamjam fruiturus ardet
Si gregi prosit patiens iniquis
    Vivere terris.

Hujus ad sacros cineres superbi
Sponte deponunt sua sceptra Reges
Turba languentum reperit petiam
    Ægra salutem.

Luminis splendor Patris una Proles
Christe te pronus veneretur orbis
Qui sacerdotes per amoris almi
    Flamen inungis.   Amen.

HYMNE DES VÊPRES

Ecquis ardentes rapitur per au-
ras
Iste quis pauper petit astra dives
Caelites plaudunt, comitemur hy-
mnis
Astra petentem.

Flore sub primo juvenilis ævi
Cæsarum jussu tulit arma miles
Moxque deponet, tibi Christe no-
men
Tyro professus.

Non furor belli bene christianum
Pectus infregit; pius inter arma
Integros serva, semel obligato
Nomine mores.

Pauperi pauper malè membra
nudo
Dividit vestem, mediaque Christus
Obtulit sese tunica micantem
Nocte sequenti.

Fonte lustratur; meliore testes
Se sacramento vovet inter aras,
Induit Christum, simul ac profana
Exuit arma.

Hinc capit vires velit imperator,
Solus adversos, penetrabit hostes
Una Crux Christi, velut umbo, tela
Omnia contra.

Ut novus miles nova bella tentat
Sevit in sese sibi factus hostis,
Unde majores sibi pollicetur
Ferre triumphos.

Luminis splendor Patris una
Proles
Christe te pronus veneretur orbis
Qui sacerdotes per amoris almi
Flamen inungis. Amen.

D. BERGE *fecit*.

LISTE

DES ÉGLISES PAROISSIALES DU DIOCÈSE DE MEAUX

DÉDIÉES A SAINT MARTIN

Aufferville, Beauteil, Boissy-aux-Cailles, Bussy-Saint-Martin, Chalautre-la-Petite, Champcenest, Champeaux, La Chapelle-Gauthier, Coulombs, Courcelles, Courchamp, Courpalais, Courtacon, Dammartin-sous-Tigeaux, Dormelles, Doue, Egligny, Egreville, Favières, Fontaine-Fourches, Fontaine-le-Port, Fontenay, Fromont, Garentreville, La Genevraye, Iverny, Lognes, Luisetaines, Le Mesnil-Amelot, Misy, Mitry, Moisenay, Mons, Montereau-sur-Jard, Montmachoux, Moussy-le-Vieux, Nangis, Nanteau-sur-Essonne, Ozouer-le-Voulgis, Pommeuse, Quiers, Recloses, Sablonnières, Saint-Martin-des-Champs (canton de La Ferté-Gaucher), Saint-Martin-des-Champs (canton de Villiers-Saint-Georges), Saint-Martin-du-Boschet, Saint-Martin-Chennetron, Saint-Martin-en-Bierre, Saint-Martin-lès-Voulangis, Saints Sommeron, Signets, Signy, Solers, Sourdun, Thorigny, Treuzy, Ury, Villecerf, Villeparisis, Villiers, Yebles.

Nous remarquerons que deux de ces églises dédiées à saint Martin figurent au nombre des plus grandes et des plus belles du diocèse.

PROCÈS-VERBAL

DE LA RECONNAISSANCE DES RELIQUES

de Bussy-Saint-Martin

———

L'an 1897, le 15 mai, nous soussignés, Frédéric-Auguste Denis, chanoine de la cathédrale de Meaux, et Jules Bouchet, curé-doyen de Lagny-sur-Marne, délégués par Mgr de Briey, Évêque de Meaux, nous sommes transportés au presbytère de Bussy-Saint-Georges pour examiner deux châsses appartenant à l'église de Bussy-Saint-Martin, que M. l'abbé Fossin, curé de l'une et l'autre paroisse, nous a présentées. Les deux châsses, tout à fait semblables, sont faites en bois de chêne, peintes en couleur acajou et surmontées d'une croix dorée. Sur la largeur, une glace laisse voir de chaque côté les reliques. Leur dimension est de quarante-trois centimètres de largeur sur vingt-huit de profondeur et trente de hauteur. Nous avons reconnu le sceau de Mgr de Cosnac, Évêque de Meaux de 1819 à 1830, apposé sur un ruban de toile blanche à l'endroit où s'ouvrent les reliquaires et parfaitement conservés. Nous avons alors procédé à l'ouverture : l'un des reliquaires contenait, sur un coussin de soie, une vertèbre et le carpe de la main droite avec une inscription ainsi conçue : *Reliques de saint Martin, Évêque de Tours.* Dans l'autre, également sur un coussin, était placée une étoffe plusieurs fois repliée sur elle-même, avec cette inscription : *Manche du manteau de saint Martin.*

L'étoffe mesurait quatre-vingt-dix centimètres de longueur et trente-sept dans sa plus grande largeur. Elle nous parut comme un épaulement allongé en forme d'emmanchure et se terminant par un gant. Cette étoffe était rongée en partie, par suite de sa vétusté, et offrait à l'extérieur de la soie noire et piquée couvrant la laine qui composait le fond du vêtement; à l'intérieur, une doublure de fin lin. A l'endroit du coude était pratiquée une ouverture pour laisser passer la main et le bras. Cet examen étant terminé, nous avons signé le présent procès-verbal. Étaient présents avec nous et M. l'abbé Fossin, MM. Roullier, curé de Ferrières-en-Brie, et Feige, curé de Gouvernes.

Fait à Bussy-Saint-Georges, le 15 mars 1897.

TABLE

LIGUGÉ (VIENNE)

IMPRIMERIE SAINT-MARTIN

M. BLUTÉ

236